PRÉSERVATIF

CONTRE 

LE RAPPORT DE CHASSEY

SUR

LES TRANSACTIONS.

On a déja démontré, jusqu'à l'évidence, dans plusieurs écrits, que les capitaux des emprunts devoient être réduits à leur valeur réelle : ajoutons encore une nouvelle preuve, qui fera sentir l'absurdité de l'opinion contraire.

On a émis 45 milliards d'assignats : consultez les notaires, les hommes instruits ; ils vous diront qu'il est impossible qu'il n'existe pas en France pour le double de cette somme de transactions privées de toute espèce ; et,

A

peut-être , y en a-t-il pour davantage. Car, dans tout pays peuplé, fertile, industrieux, la masse des transactions excède de beaucoup la quantité du numéraire circulant. Or, pour solder 80 ou 100 milliards de transactions en assignats, il n'y a pas un milliard d'espèces réelles : comment, donc, seroit-il possible aux débiteurs de s'acquitter si l'on ne réduit en valeur réelle la valeur nominale de leurs emprunts ? Pourroit-on, sans extravagance, proposer une loi d'après laquelle la moitié de la nation seroit forcée de faire banqueroute de 80 pour cent à l'autre moitié?

Aussi la nécessité de cette réduction paroît sentie à présent de tout le monde, au moins quant aux billets et obligations à terme.

Mais si l'on réduit en valeur réelle le capital des emprunts de cette nature il faut réduire de même celui des constitutions soit perpétuelles soit viagères.

Il seroit trop étrange de dire à un créancier: » Vous avez prêté cent mille francs de » papier, qui ne vous représentent que dix » mille francs d'argent, parceque vous avez » prêté à terme, » en même tems qu'on diroit à un autre : » Vous avez prêté » cent mille francs de papier lesquels vous » représenteront cent mille francs d'écus » parce que vous avez prêté à constitution » viagère ou perpétuelle. » Comment la différence de la nature des deux créances peut-elle mettre une si étrange disproportion dans la valeur du capital?

De ce qu'on doit réduire ce capital à sa valeur réelle il s'ensuit que l'intérêt doit y être proportionné.

Cent mille francs de papier à 2 pour cent en perpétuel, font 2,000 l. de rente : le capital étant supposé ne valoir que dix mille francs d'écus, si le débiteur est obligé de payer une rente de 2,000 l. en écus il n'éprouve pas seulement une lésion d'outre-moitié, mais une lésion de 400 pour cent: Il a, donc, le droit, il est forcé de revenir contre son marché, et d'en demander la rescision : ce raisonnement s'applique, de lui-même, aux rentes viagères,

Dans l'un et l'autre cas, il y a aliénation de fonds; mais une aliénation qui produit un revenu aussi usuraire , ne sera jamais un titre favorable aux yeux d'un législateur impartial.

Car il y a une véritable usure , c'est-à-dire un profit énorme et immoral , tiré de son argent dans une pareille aliénation ; et si les loix ont toujours vu les aliénations de fonds d'un œil plus favorable que les prêts à terme, c'est parce qu'avant la circonstance du papier-monnoie ces aliénations ne procuroient qu'un revenu modéré , et étoient , en effet , l'opposé de l'usure.

Mais , depuis l'émission du papier-monnoie et depuis les lois qu'il a occasionnées, le débiteur est en droit de dire au corps législatif :

» Lorsqu'en recevant cent mille francs de
» monnoie ayant cours, j'ai consenti à payer
» deux mille livres de rentes perpétuelles ,
» ou quatre mille livres de viagères en
» monnoie ayant cours , ce ne pouvoit être
» qu'en assignats : ce n'est pas librement que
» dans la stipulation je me suis servi de ces
» mots : *en monnoie ayant cours.* Votre
» loi l'exigeoit impérieusement. Elle me

» défendoit toute autre expression. Quand
» vous l'avez faite, cette loi, c'étoit pour
» assurer le cours de votre papier. Il vous
» a convenu ensuite de supprimer ce papier,
» e'est par votre fait qu'il n'est plus la
» monnoie ayant cours, c'est par votre fait
» qu'au lieu de quarante cinq milliards
» d'assignats, il n'y a plus en circulation
» qu'un milliard d'espèces réelles. Je suis
» donc fondé à vous dire : ou rendez-moi
» la nature de monnoie dans laquelle vous
» m'avez forcé de contracter, et avec laquelle
» j'avois les moyens de m'acquitter, ou
» convenez qu'ayant détruit cette monnoie
» il n'est pas juste que mon créancier abuse,
» énormément à son avantage, des expressions
» dont vous nous avez forcés de nous servir.
» Votre intention n'a pu être, en aucun
» tems, de favoriser une usure aussi mons-
» trueuse : consacrez tous les principes de
» l'aliénation du fonds, de l'aléatoire des
» rentes viagères, à la bonne heure : mais
» auparavant réduisez l'état des choses à ce
» qu'il étoit avant qu'il y eut du papier-
» monnoie, à ce qu'il doit être depuis qu'il

» n'y en a plus, réduisez ma dette à ce
» qu'elle valoit en argent réel à l'époque où
» je l'ai contractée, c'est le sens commun
» qui vous le crie, autant que l'équité. L'é-
» mission énorme du papier-monnoie fut une
» fourberie, l'obligation de stipuler en mon-
» noie ayant cours, une tyrannie, la loi qui
» ne réduiroit pas le capital et les intérêts
» en valeur réelle seroit une iniquité. »

Faut-il réfuter encore l'objection tirée de
ce que le créancier ne touchoit ses arrérages
que dans un papier qui se déprécioit de plus
en plus ? mais le papier ne dépérissoit-il pas
de même entre les mains du débiteur quelle
que fut la nature de son revenu.

Dira-t-on que le débiteur a pu employer
le papier emprunté à des acquisitions utiles ?
Mais, dans ce cas, si le créancier a un
privilège, qu'il le fasse valoir, s'il a un acte
de société, qu'il s'en prévale : mais s'il
n'est ni privilégié ni associé, que lui im-
porte l'usage que le débiteur a fait de la
somme empruntée ? Celui-ci a pu perdre ou
gagner. Le créancier voudroit-il entrer dans

les pertes du débiteur ? Non sans doute. Les profits apparens ou réels qu'a produits son argent lui sont donc totalement étrangers. Eh , combien de spéculations trompées ! croyez-vous que tous les derniers acquéreurs de biens nationaux ayent fait de bonnes affaires , eux qui s'étant flattés de les payer en papier ont été forcés , tout-à-coup , de s'acquitter, en grande partie avec des espèces réelles.

Enfin , n'est-ce pas ici visiblement le procès des usuriers contre leurs dupes : je pourrois en citer plusieurs exemples.

Un homme, avec un marc pesant d'or , valant 2,478^{lt} écus , s'est fait 500,000^{lt} d'assignats, les a placés à 2 et demi pour cent , et s'est assuré pour une valeur réelle de 2,478^{lt} , une rente viagère de 12,500^{lt} : est-il juste , est-il possible de la lui payer en écus ?

Un autre, en vendant un secrétaire et deux glaces , le tout pouvant valoir cent pistoles d'argent , s'est fait 8,000^{lt} de rentes viagères. 8,000 liv. de rentes pour cent pistoles ! *Risum teneatis.*

Le rapport de CHASSEY contient une autre disposition , par laquelle les créanciers , par billets ou obligations , sont autorisés à faire remonter leur créance à la date originaire ; on a déjà dit , contre cette prétention , qu'un renouvellement de titre excluoit l'ancien , (à mois qu'il n'y fût rappellé,) que le débiteur est censé avoir remboursé le créancier , puisqu'il a été forcé de se mettre en mesure de le faire , que si une pareille loi pouvoit être adoptée , le papier-monnoie , loin d'être un mauvais papier pour le créancier par billets ou obligations, auroit été un papier excellent , qui lui auroit conservé l'intégralité de sa somme , à travers toute la révolution, et dans un tems où la même somme, vu la rareté de l'argent , a infiniment plus de valeur qu'autrefois.

Une telle loi qui ne mettroit aucune différence entre celui qui a prêté à terme , et celui qui a aliéné ses fonds , ne seroit pas juste : c'est ici qu'il faut que l'aliénataire profite de sa modération , en retrouvant la valeur réelle qu'avoient ses fonds à l'époque de l'aliénation.

Enfin, comme la plûpart des billets à
terme se renouvellent d'année en année, il
suivroit du projet de Chassey, qu'aucune
créance ne seroit réduite, et l'on retombe-
roit dans cette absurdité de donner une valeur réelle de 80 milliards de créances, en
valeur nominale, tandis que la France ne
possède pas un milliard d'espèces.

Si l'on veut réparer les malheurs causés
par les mauvaises mesures prises, et les mauvaises lois faites avant l'établissement de la
constitution actuelle, il faut écarter toutes
les considérations intéressées qui offusquent
le jugement, et s'en tenir aux grands principes d'équité, de raison et d'ordre public.

J'avouerai, en terminant cet écrit, que
si les débiteurs avoient moins de confiance
dans la justice de la majorité du corps législatif, ils pourroient être agités de quel-
que crainte. On se souvient que le traite-
ment des membres de la convention, long-
tems payés en assignats (non pas à la vérité
comme les rentiers, mais proportionnellement
à la valeur du bled) a pu s'élever dans la

dernière année de ce papier, à 2 ou 3oo mille livres : il n'étoit pas difficile à plusieurs d'entr'eux d'économiser, et de placer le tiers ou la moitié de cettesomme; et la flatteuse perspective de s'assurer 3 ou 4,000 livres de rentes en écus, a pu séduire aisément leur imagination; mais nous ne croirons point que la voix de l'intérêt personnel leur parle plus haut que celle du devoir qui leur prescrit d'être justes at impartiaux : ainsi, quoique Cambacérès ayant éprouvé des remboursemens par l'effet des loix auxquelles il avoit concouru comme législateur, les ait replacés de manière à se faire 12,000 liv. de rentes viagères, quoique Tronchet ait éprouvé pareillement un remboursement de 5oo,ooo l. en assignats, et les ait replacées, il nous est impossible d'imaginer que ces opérations privées influent sur leur opinion comme législateurs; en tout cas, c'est à leurs collègues à apprécier cette opinion.

Nous finirons par une réflexion importante : rien n'est plus exécrable au monde que l'iniquité jointe à la puissance, rien ne dispose plus à l'iniquité que l'intérêt per-

sonnel : s'il étoit possible qu'un législateur
fût assez vil pour se faire juge et partie dans
une question qui intéresse toute la France,
toute la France auroit le droit de lui crier :
» Retirez-vous, vous ne pouvez, sans infâmie,
» cacher votre sordide avidité sous le masque
» imposant du législateur. »

BERTHIER.

N. B. Si l'on veut absolument établir
24 prud'hommes, pour décider les difficultés
particulières, il faut;

1°. Que des lois, bien faites, circonscrivent
assez leurs pouvoirs pour ne pas donner lieu
à l'arbitraire ;

2°. Qu'ils ne soient ni *créanciers ni
débiteurs.*

3°. Et qu'ils l'affirment par serment.

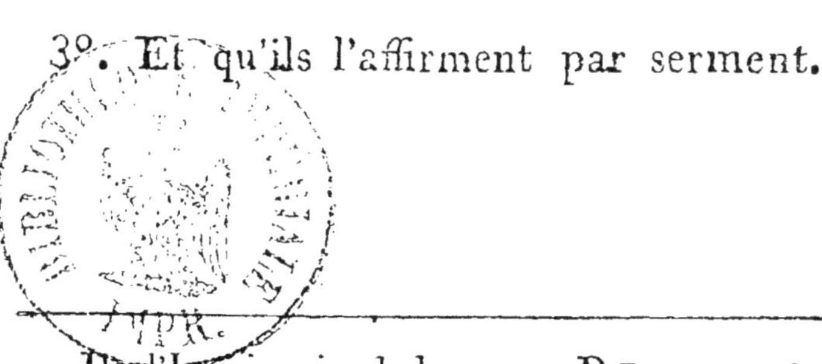

De l'Imprimerie de la veuve DELTUFO.